Patrick Rosenthal

Dinner for One
Das Kochbuch

Patrick Rosenthal

Dinner for One
Das Kochbuch

30 Rezepte für Silvester

Inhalt

Vorwort

Wenn man sich mitten im Jahr mit Silvester auseinandersetzt und alle auffind-baren Versionen von *Dinner for One* – von *Döner for One* bis *Dinner vor (Wan)ne* – anschaut, weiß man, dass man den coolsten Job der Welt hat. Dieses Buch widme ich allen Protagonisten, die sich je in Miss Sophie und ihren Butler verwandelt und uns so viel Spaß bereitet haben.

Zur Einführung nur ganz kurz: Miss Sophie feiert ihren 90. Geburtstag und lädt wie jedes Jahr dazu ihre vier engsten Freunde ein: Sir Toby, Admiral von Schneider, Mr. Pommeroy und Mr. Winterbottom. Da alle vier aber bereits verstorben sind, muss Butler James die Rollen der Gäste übernehmen ... Doch das kennt ihr ja, denn *Dinner for One* sind 18 Minuten Kult und der Sketch gehört mittlerweile zum Silvesterabend wie der Weihnachtsmann zum Weih-nachtsfest.

In diesem Buch dürft ihr euch wie Miss Sophie über Mulligatawny-Suppe, Schellfisch, Hähnchen und Obst freuen. Aber nicht nur, denn ich habe auch an Rezepte für den Morgen danach gedacht sowie ein »Dinner for One« für Vegetarier kreiert. Die besten Rezepte aus den verschiedenen *Dinner-for-One-*Versionen sind ebenfalls mit dabei.

Und während James 23 Mal den Tisch umrundet, könnt ihr euch zurücklehnen und ein paar Snacks à la Sophie genießen. Also lasst den »Gong« ertönen ...

Dinner für Miss Sophie

»The same procedure as every year, James.« Während James auf dem Weg zwischen Tisch und Küche in 18 Minuten elf Mal über den Tigerkopf stolpert, erfreut sich Miss Sophie, wie jedes Jahr, über ihre Gäste und ihr Geburtstagsmenü: Mulligatawny-Suppe, Nordsee-Schellfisch, Hühnchen und Obst. Und dazu wird Sherry extra dry, Weißwein, Champagner und Portwein getrunken.

Schon gewusst? Im deutschen Fernsehen lief der Sketch das erste Mal am 9. Dezember 1961. Very british? Von den Speisen bis hin zum Butler James. Nur ist der Sketch in Großbritannien kaum bekannt. Er ist auch eine Produktion des NDR.

Mulligatawny-Suppe

Die Mulligatawny-Suppe ist seit vielen Jahren in Großbritannien so beliebt, dass sie ein fester Bestandteil der britischen Küche geworden ist. Die ursprüngliche Variante bestand aus einer Hühnerbrühe, weißen Zwiebeln, Chilischote und gemahlenem Ingwer, Kurkuma, Currypulver und schwarzem Pfeffer. Mittlerweile findet man viele unterschiedliche Rezepte zur Zubereitung. Dazu trinkt Miss Sophie einen trockenen Sherry.

Zutaten für 4 Portionen

1 Zwiebel
1 cm frischer Ingwer
1 rote Chilischote
800 g Karotten
1 Bund glatte Petersilie
6 EL Sonnenblumenöl
1 ½ TL Currypulver
800 ml Hühnerbrühe
200 ml Kokosmilch
Salz
Pfeffer
gem. Kurkuma
500 g Hähnchenbrustfilet

1. Zwiebel und Ingwer schälen und klein würfeln. Chilischote waschen, putzen und in feine Ringe schneiden. Karotten putzen, schälen und klein würfeln. Petersilie waschen, trocken schütteln und hacken.

2. 3 EL Öl in einem großen Topf erhitzen und Zwiebel, Ingwer und Chili darin andünsten. Currypulver einrühren und kurz anschwitzen. Karottenwürfel zugeben und 2 Minuten braten. Mit Hühnerbrühe ablöschen und alles 15 Minuten köcheln lassen. Dann die Kokosmilch unterrühren, Suppe mit Salz, Pfeffer und Kurkuma abschmecken und bei niedriger Hitze 10 Minuten köcheln lassen.

3. In der Zwischenzeit das Filet in Scheiben schneiden und das restliche Öl in einer Pfanne erhitzen. Die Hähnchenbrustscheiben darin kross anbraten, dann bei mittlerer Hitze fertig garen. Das Fleisch aus der Pfanne nehmen und mit einer Gabel grob zerzupfen.

4. Die Suppe mit dem Stabmixer pürieren, auf Teller verteilen, das Hähnchenfleisch obenauf geben und mit Petersilie garnieren.

Nordsee-Schellfisch

Auch wenn Miss Sophie hier auf alle Beilagen verzichtet und der Fisch eher verloren auf der Servierplatte aussieht, ist der Vorteil dieses Rezeptes, dass selbst James nach dem ersten Sherry es hätte zubereiten können. Dazu passend wird Weißwein serviert.

Zutaten für 4 Portionen

4 Schellfischkoteletts
(à ca. 180 g)
2 EL Zitronensaft
Salz
2 Zwiebeln
2 Lorbeerblätter
50 g Butter
30 g Mehl
200 g Sahne
3–4 EL mittelscharfer
Senf
Salz
Pfeffer
Zucker
100 g Kirschtomaten
½ Bund Petersilie
1 Zitrone

1. Fisch mit dem Zitronensaft beträufeln, salzen und 20 Minuten ziehen lassen.

2. Die Zwiebeln schälen und vierteln.

3. In einem großen Topf 2 l Salzwasser zum Kochen bringen. Zwiebelviertel und Lorbeerblätter zugeben und 10 Minuten köcheln lassen. Den Fisch zugeben und bei mittlerer Hitze 10 Minuten garen.

4. Nach 10 Minuten Kochzeit vom Sud 400 ml abnehmen. Butter in einem Topf zerlassen und das Mehl darin unter Rühren anschwitzen. Sahne und Sud angießen und die Soße unter Rühren aufkochen lassen. Senf unterrühren und alles 3 Minuten köcheln lassen. Mit Salz, Pfeffer und Zucker abschmecken.

5. Tomaten waschen und halbieren. Petersilie waschen, trocken schütteln und hacken. Zitrone in Spalten schneiden.

6. Fisch mit der Soße, Tomaten und Zitronenspalten auf Tellern anrichten und mit Petersilie bestreuen.

Champagner-Hähnchen

Zum Hähnchen möchte Miss Sophie nur Champagner trinken.
Ich setze noch einen drauf und bereite das Gericht selbst
mit Champagner zu.

Zutaten für 6 Portionen

3 EL Öl
6 kleine Hähnchenfilets
(à ca. 150 g)
Salz
Pfeffer
40 g Butter
1 gehäufter EL Mehl
300 ml Gemüsebrühe
200 ml trockener
Champagner
Zucker
1 Knoblauchzehe
200 g Karotten
100 ml Orangensaft

1. 2 EL Öl in einer großen Pfanne erhitzen und das
Fleisch darin unter Wenden 10 Minuten braten.
Mit Salz und Pfeffer würzen, aus der Pfanne nehmen
und warm halten.

2. Butter in einem Topf schmelzen und das Mehl darin
unter Rühren anschwitzen. 300 ml Brühe und den
Champagner angießen, unter Rühren aufkochen
und 4 Minuten köcheln lassen. Soße mit Salz, Pfeffer
und Zucker abschmecken und auf niedriger Stufe
warm halten.

3. Knoblauch schälen und klein würfeln. Karotten
putzen, schälen und in kleine Würfel schneiden.

4. Das restliche Öl in einer Pfanne erhitzen, Knoblauch
zugeben und anbraten. Karotten und Orangensaft
zufügen und Karotten garen, bis sie leicht bissfest
sind. Mit Salz und Pfeffer abschmecken.

5. Fleisch mit Karottengemüse und Soße auf Tellern
anrichten und servieren.

Der Obstsalat

Zum Abschluss etwas Obst – in diesem Fall
im Glas und mit einem kleinen Schuss Sherry.

Zutaten für 4 Portionen

1 Apfel
1 Birne
2 Kiwis
1 Banane
2 Mandarinen
1 Granatapfel
½ Bund Minze
1 Orange
1 EL brauner Zucker
½ TL gem. Zimt
5 EL Sherry

1. Obst (außer der Orange) waschen und ggf. entkernen und schälen. Apfel und Birne in Würfel schneiden. Kiwis und Banane in Scheiben schneiden. Mandarinen filetieren und die Kerne aus dem Granatapfel lösen. Minze waschen und die Blätter von den Stielen zupfen.

2. Orange auspressen und den Saft in einer großen Schüssel mit braunem Zucker, Zimt und Sherry verrühren. Das vorbereitete Obst vorsichtig unterheben. Obstsalat auf Gläser verteilen und mit Minze garnieren.

Der Morgen danach

Butler James musste ordentlich trinken und hat sicher die ganze Nacht kein Auge zugetan.

Da muss unbedingt ein Wachmacher-Katerfrühstück her. Auch wenn viele in so einem Fall nach etwas Deftigem greifen, sollte man die Leber nicht noch zusätzlich belasten und eher auf ein leichtes Frühstück setzen. Ein paar bunte Smoothies oder etwas Fisch helfen zum Beispiel dabei, den Körper (und Kopf) wieder auf Vordermann zu bringen.

Karotten-Apfel-Ingwer-Smoothie

Zutaten für 1 Portion

2 Äpfel
3 Karotten
1 Limette
1 cm frischer Ingwer
5 Tropfen Olivenöl
20 ml Wasser

1. Äpfel heiß abwaschen, entkernen und in Stücke schneiden. Karotten putzen und schälen. Limette auspressen. Ingwer schälen und fein reiben.

2. Alle Zutaten in einen Mixer geben und zu einem cremigen Smoothie pürieren.

Green Smoothie

Zutaten für 1 Portion

1 Banane
½ Gurke
2 grüne Äpfel
2 Handvoll Babyspinat
frische Minzeblätter
    nach Belieben
½ TL gem. Kurkuma
1 TL Leinsamen
5 Tropfen Olivenöl
Wasser

1. Die Banane und die Gurke schälen und in Stücke schneiden.

2. Die Äpfel heiß abwaschen, entkernen und in Stücke zerteilen. Den Babyspinat und die Minzeblätter waschen und trocken schütteln.

3. Alle Zutaten (außer dem Wasser) in einen Mixer geben und cremig pürieren. Je nach gewünschter Konsistenz noch etwas Wasser zugeben.

Der Rote

Zutaten für 1 Portion

- 1 Orange
- 2 kleine Rote Beete, vorgegart
- 1 cm frischer Ingwer
- 1 Zitrone
- 100 g TK-Beeren
- 2 TL Leinsamen
- 100 ml Orangensaft
- 1 TL Olivenöl

1. Die Orange schälen und in Stücke schneiden. Die Roten Beten zerkleinern, den Ingwer schälen und klein schneiden. Die Zitrone auspressen.

2. Alle Zutaten in einen Mixer geben und cremig pürieren.

Rührei mit Räucherlachs

Zutaten für 2 Portionen

6 Eier

3 EL Milch

Salz

Pfeffer

2 EL Butter

2 Scheiben Räucherlachs

½ Bund Schnittlauch

1. Eier mit der Milch in eine Schüssel geben und mit dem Schneebesen verquirlen. Mit Salz und Pfeffer würzen.

2. Butter in einer Pfanne erhitzen, die Eiermasse hineingießen und leicht stocken lassen. Den Lachs in Stücke schneiden und auf dem Ei verteilen. Mit einem Pfannenwender das Ei vom Pfannenrand nach innen schieben, sodass ein Rührei entsteht.

3. Schnittlauch waschen, trocken schütteln und in Röllchen schneiden. Das Rührei damit bestreuen.

Heringssalat

Zutaten für 2 Portionen

30 g Walnusskerne
½ Bund Dill
1 Rote Bete, vorgegart
1 säuerlicher Apfel
100 g Senfgurke
4 Bismarckheringe
100 g Mayonnaise
125 g saure Sahne
1 TL Senf
Salz
Pfeffer
½ TL Honig
2 EL Weißweinessig

1. Die Walnüsse hacken. Dill waschen, trocken schütteln und fein hacken (ein paar Blättchen zum Garnieren beiseite stellen). Die Rote Bete würfeln. Den Apfel heiß abwaschen, entkernen und klein schneiden. Die Senfgurken in Würfel schneiden. Die Heringe in mundgerechte Stücke zerteilen.

2. Die vorbereiteten Zutaten in eine Salatschüssel geben und gut vermengen.

3. In einer kleinen Schüssel Mayonnaise, saure Sahne, Senf, Salz, Pfeffer, Honig und Essig zu einem Dressing verrühren und über den Heringssalat gießen. Mit dem restlichen Dill garnieren.

Das hessische Dinner for One

Ich lebe seit vielen Jahren in Hessen und habe mich natürlich sehr gefreut, als es *Dinner for One* auch in der hessischen Version gab. Der Hessische Rundfunk hat den Sketch rund um Sophie und James neu interpretiert. Klar, dass sich dabei das Essen ebenfalls unterscheidet.

Markklöschensuppe

Für die kleinen Klöße aus Knochenmark, die als Suppeneinlage serviert
werden, gibt es in der Zubereitung viele regionale Varianten.
Statt Semmelbrösel wird auch oft entrindetes Weißbrot verwendet,
das in Milch eingeweicht wird.

Zutaten für 4 Portionen

- ½ Bund Suppengrün
- 1 Zwiebel
- 2 EL Speiseöl
- 500 g Suppenfleisch
- 500 g Markknochen
- Salz
- Pfeffer
- 1 Lorbeerblatt
- 1 Ei
- 50 g Paniermehl
- etwas gem. Muskatnuss
- 150 g TK-Erbsen
- 2 Stängel Petersilie

1. Suppengrün waschen und putzen. 1 Stückchen Lauch und 1 Karotte in Streifen schneiden, den Rest des Suppengrüns klein würfeln. Zwiebel schälen und in Würfel schneiden.

2. Öl in einem Topf erhitzen und die Gemüsewürfel darin anbraten. Fleisch und Knochen zugeben und ebenfalls anbraten. Mit Salz und Pfeffer würzen. Lorbeerblatt zufügen und 1 ½ l Wasser angießen. Suppe 2 Stunden köcheln lassen.

3. Die Markknochen nach 15 Minuten herausnehmen, das Mark herauslösen und die Knochen wieder in die Suppe geben. Das Mark in einer Schüssel cremig rühren und mit Ei und Paniermehl verkneten. Daraus kleine Klößchen formen und diese kalt stellen.

4. Die Brühe nach Ende der Kochzeit mehrmals durchsieben und erkalten lassen. Abgesetztes Fett mit einer Schöpfkelle abschöpfen.

5. Das Fleisch in mundgerechte Stücke schneiden. Brühe mit Fleisch und Gemüsestreifen in den Topf geben, mit Salz, Pfeffer und Muskatnuss abschmecken und zum Kochen bringen.

6. Temperatur reduzieren, Erbsen und Markklößchen zugeben und 5 Minuten in der Suppe gar ziehen lassen.

7. Petersilie waschen, trocken schütteln und hacken. Suppe auf Teller verteilen und mit Petersilie bestreuen.

Taunusforelle

Zur Taunusforelle trinkt Miss Sophie natürlich unbedingt
einen wunderbaren Riesling.

Zutaten für 2 Portionen

1 Forelle
Salz
Pfeffer
1 Zitrone
½ Bund Petersilie
½ Bund Schnittlauch
50 g Mehl
2 EL Butterschmalz
4 TL Butter

1. Forelle gut auswaschen, mit Küchenpapier trocken tupfen und von innen und außen mit Salz und Pfeffer einreiben. Die Zitrone auspressen und den Fisch innen mit dem Saft beträufeln.

2. Petersilie und Schnittlauch waschen, trocken schütteln, fein hacken und in den Fischbauch füllen.

3. Mehl auf einen Teller geben, die Forelle darin wenden, dabei das Mehl leicht andrücken. Butterschmalz in einer Pfanne erhitzen und Fisch darin anbraten. Nach 3 Minuten wenden.

4. 2 TL Butter zugeben, die Hitze reduzieren, einen Deckel aufsetzen und Forelle 5 Minuten schmoren lassen.

5. Forelle aus der Pfanne nehmen, die restliche Butter darin schmelzen und über den Fisch gießen.

Feines junges Hähnchen

Wie auch im Original, schätzt die hessische Miss Sophie zum Hähnchen Champagner. Ich habe dem feinen Hähnchen noch eine leichte Frankfurter Grüne Soße verpasst.

Zutaten für 4 Portionen

2 Eier
1 Bio-Zitrone
1 Schalotte
1 Bund Kräuter für
  Grüne Soße
500 g Magerquark
1 EL Essig
2 TL Zucker
2 EL Öl + mehr zum
  Braten
1 TL Senf
Salz
Pfeffer
4 Hähnchenbrustfilets

1. Die Eier in einem Topf mit Wasser hart kochen.

2. Zitrone heiß abwaschen, die Schale abreiben und den Saft auspressen. Schalotte schälen und klein würfeln. Kräuter waschen, trocken schütteln und hacken.

3. Quark in einer Schüssel mit Zitronensaft, -abrieb, Essig, Zucker, 2 EL Öl und Senf verrühren. Die Kräuter und Zwiebelwürfel unterheben und Soße mit Salz und Pfeffer abschmecken.

4. Eier pellen, würfeln und unterheben. Grüne Soße bis zum Servieren in den Kühlschrank stellen.

5. Hähnchenbrustfilets mit Salz und Pfeffer würzen. Etwas Öl in einer Pfanne erhitzen und die Filets darin von jeder Seite 3–5 Minuten anbraten. Dann mit der Grünen Soße servieren.

E bissi Obst

Zum Abschluss wünscht sich Miss Sophie etwas Obst und dazu einen Muskateller-Wein. Ich habe mir erlaubt, den Muskateller direkt in das Dessert zu integrieren.

Für 2 Portionen

1 Pfirsich
1 kleine Ananas
400 ml Muskateller-Wein
1 Zimtstange
1 TL Rosa Beeren

1. Pfirsich schälen, halbieren und entkernen. Ananas schälen und in Stücke schneiden.

2. Wein und Zimtstange in einen Topf geben und zum Kochen bringen. Hitze reduzieren und Flüssigkeit auf 250 ml einkochen lassen. Dann die Rosa Beeren zugeben und weitere 2 Minuten köcheln lassen.

3. Pfirsich und Ananas in sterile Einmachgläser füllen, mit dem Sud übergießen und verschließen. Gläser in einen mit heißem Wasser gefüllten Topf stellen, sodass sie bis zum Deckel im Wasser stehen, und 30 Minuten köcheln lassen. Gläser aus dem Topf nehmen und auskühlen lassen. Dazu passt Käse wunderbar.

Dinner for One – ganz vegetarisch

Im Jahr 1963 hat man natürlich noch nicht daran gedacht, dass man Miss Sophie und ihren imaginären Gästen auch ein vegetarisches Menü unterbreiten könnte. Doch die Zeiten ändern sich, und daher kommt hier mein Vorschlag für eine vegetarische Dinner-Variante.

Currysuppe

Die Currysuppe wird durch die Kokosmilch besonders cremig.

Zutaten für 4 Portionen

1 Bund Frühlingszwiebeln
1 cm frischer Ingwer
2 EL Sonnenblumenöl
2 Knoblauchzehen
400 ml Kokosmilch
425 ml passierte Tomaten
3 TL rote Currypaste
1 Limette
4 TL brauner Zucker
Salz
Pfeffer

1. Frühlingszwiebeln putzen, waschen und fein hacken. Ingwer schälen und klein würfeln. Öl in einem Topf erhitzen und Frühlingszwiebel und Ingwer darin kurz anschwitzen. Knoblauch schälen, in den Topf pressen und kurz braten.

2. Kokosmilch, passierte Tomaten und Currypaste einrühren und aufkochen lassen.

3. Limette auspressen. Den Herd ausschalten und die Suppe mit dem Stabmixer pürieren. Limettensaft und Zucker unterrühren und mit Salz und Pfeffer abschmecken.

Veggie-Lachs

Der Veggie-Lachs kann als Zwischengang ohne weitere Beilagen gegessen werden. Ich empfehle ihn auf Baguette mit Frischkäse.

Zutaten für 2 Portionen

6 EL Salz
600 g Karotten
2 EL Weißweinessig
4 EL Olivenöl
1 EL Liquid Smoke
100 ml Wasser
Dill nach Belieben

1. Backofen auf 200 °C Ober-/Unterhitze vorheizen.

2. 3 EL Salz in eine Auflaufform geben. Karotten putzen, waschen, in die Auflaufform legen und die restlichen 3 EL Salz darüberstreuen und 60 Minuten im Ofen backen. Karotten abwaschen und mit einem Sparschäler in Streifen schneiden.

3. Essig, Öl, Liquid Smoke und Wasser in einer Schüssel verrühren. Karottenstreifen zugeben, untermischen und abgedeckt im Kühlschrank mindestens 24 Stunden ziehen lassen. Dabei ab und zu umrühren.

4. Dill waschen, trocken schütteln und hacken.

5. Karottenlachs aus dem Kühlschrank nehmen und mit frischem Dill anrichten.

Vegetarisches Hühnerfrikassee

Geschmacklich gibt es bei diesem Frikassee keinen Unterschied zum »Original«. Wer den »Hühnchen«-Ersatz nicht selbst machen will, greift zum vegetarischen Hähnchenersatz aus dem Kühlregal.

Zutaten für 4 Portionen

500 g Mehl
300 ml Wasser
½ TL Senf
1 TL edelsüßes Paprikapulver
½ TL Knoblauchpulver
½ TL getr. Thymian
Salz
Pfeffer
4 EL Speiseöl
1 Zwiebel
100 g Karotte
100 g weiße Champignons
150 ml Weißwein
350 ml Gemüsebrühe
2 Lorbeerblätter
¼ TL gem. Muskatblüte
250 g Sahne
100 g TK-Erbsen
1 EL Kapern
1 EL Zitronensaft
1 Stängel Petersilie

1. Mehl und Wasser in einer Schüssel verkneten und 1 Stunde abgedeckt ruhen lassen.

2. Den Teig in ein Sieb geben, gut ausspülen, bis das Wasser klar bleibt. Teig mit Senf, Paprikapulver, Knoblauchpulver, Thymian, Salz und Pfeffer würzen. Alles gut verkneten und 1 Stunde ziehen lassen. Teig dann in die Länge ziehen und verknoten.

3. 2 EL Öl in einer Pfanne erhitzen und den Teig darin von beiden Seiten anbraten, mit 150 ml Brühe ablöschen und 45 Minuten köcheln lassen. Aus der Pfanne nehmen und mit einer Gabel zerpflücken.

4. Die Zwiebel schälen und in Streifen schneiden. Karotten putzen, waschen und würfeln. Champignons säubern und halbieren. In einer Pfanne das restliche Öl erhitzen und die »Hähnchenstreifen« zugeben. Zwiebel, Karottenwürfel und Champignons ebenfalls zufügen und 1 Minute anbraten.

5. Mit Weißwein und restlicher Gemüsebrühe aufgießen. Lorbeerblätter und Muskat zugeben und alles mit Salz und Pfeffer würzen. 15 Minuten köcheln lassen, dabei immer mal wieder umrühren.

6. Sahne, Erbsen, Kapern und Zitronensaft unterrühren und Frikassee weitere 5 Minuten köcheln lassen. Einen Deckel aufsetzen und Frikassee 12–15 Minuten mit Deckel köcheln lassen, dabei ab und zu umrühren.

7. Petersilie waschen, trocken schütteln und hacken. Das Frikassee vor dem Servieren mit Petersilie bestreuen. Dazu passt Reis sehr gut.

Beschwipster Obstsalat mit Ingwersahne

Das beste Beispiel, dass Obstsalat alles andere als langweilig ist.

Zutaten für 4 Portionen

1 kleine Ananas
2 Kiwis
200 g Weintrauben
1 Birne
1 Banane
1 Orange
1 Mango
1 Limette
30 ml Portwein
2 EL Honig
1 TL gem. Zimt
2 cm frischer Ingwer
400 g Sahne
2 Pck. Sahnesteif
1 EL Vanillezucker
Kakaopulver

1. Ananas schälen, Strunk entfernen und Fruchtfleisch würfeln. Kiwis schälen und in Scheiben schneiden. Trauben waschen, vom Stiel lösen und halbieren. Birne schälen, entkernen und würfeln. Banane schälen und in Scheiben schneiden. Orange schälen und filetieren. Mango schälen und würfeln. Limette auspressen. Obst in eine Schüssel geben und mit Limettensaft und Portwein vermengen. Honig und Zimt unterrühren.

2. Obstsalat in Gläser füllen und bis zum Servieren kühl stellen.

3. Ingwer schälen und ganz fein reiben. Sahne mit Sahnesteif, Vanillezucker und Ingwer in eine Schüssel geben und mit dem Handrührgerät steif schlagen.

4. Vor dem Servieren die Sahne auf den Obstsalat löffeln und mit etwas Kakaopulver bestäuben.

Dinner for One op Kölsch

Die Kölsche Miss Sophie alias Frau Annette feiert auch ihren 90. Geburtstag. Und zwar im Jahr 2064. Sie hat aber einen ganz anderen Geschmack als ihr Original, und ihre imaginären Gäste unterscheiden sich natürlich auch. Anstelle von Sir Toby, Admiral von Schneider, Mr. Pommeroy und Mr. Winterbottom sind in der kölschen Neuauflage Persönlichkeiten aus dem Rheinland eingeladen: Alfred Biolek, Reiner Calmund, Dirk Bach und Hans Süper. Das Maskottchen des FC Köln, der Geißbock Hennes, hat ebenso das Zeitliche gesegnet und ziert als Teppich den Boden des Speisesaals.

Kölsche Ähzezupp met Hämche un Woosch
(Erbsensuppe mit Eisbein und Wursteinlage)

Bei dieser deftigen Erbsensuppe darf natürlich das Schnäpschen nicht fehlen.

Zutaten für 4 Portionen

500 g getr. grüne Erbsen
250 g Bauchspeck
900 g frisches Eisbein
2 Karotten
¼ Knollensellerie
2 Zwiebeln
400 g Kartoffeln
2 Stangen Lauch
1 TL getr. Majoran
1 TL getr. Liebstöckel
1 TL getr. Bohnenkraut
1 TL getr. Thymian
1 Lorbeerblatt
3 Pimentkörner
3 Wacholderbeeren
1 kleine getr. Chilischote
1 Bund Petersilie
3 Frühlingszwiebeln
4 geräucherte
 Mettwürstchen
2 EL scharfer Senf
Salz
Pfeffer

1. Erbsen und Speck mit 3 l Wasser in einen Topf geben und 24 Stunden einweichen. Dann zusammen mit dem Einweichwasser zum Kochen bringen. Eisbein zufügen.

2. Gemüse putzen, waschen oder schälen. Karotten, Sellerie, Zwiebeln und Kartoffeln würfeln, Lauch in Ringe schneiden. Gemüse mit in den Topf geben und alles 2 Stunden köcheln lassen.

3. Nach 1 ½ Stunden Kochzeit Majoran, Liebstöckel, Bohnenkraut, Thymian, Lorbeerblatt, zerstoßene Pimentkörner und Wacholderbeeren sowie die Chilischote zugeben.

4. Nach Ende der Kochzeit das Eisbein aus dem Topf nehmen, das Fleisch vom Knochen lösen und klein schneiden.

5. Speck herausnehmen, würfeln und in einer Pfanne knusprig braten. Das Lorbeerblatt und die Chilischote entfernen.

6. Petersilie waschen, trocken schütteln und hacken. Frühlingszwiebeln putzen, waschen und in Ringe schneiden. Mettwürstchen in Scheiben schneiden. Petersilie, Frühlingszwiebeln, Eisbein, Speck und Würstchen in den Topf geben und alles mit Senf, Salz und Pfeffer abschmecken.

Ein kleiner Hauch von Himmel un Äd

Zu dieser Spezialität trinkt Frau Annette natürlich ein Kölsch.

Zutaten für 4 Portionen

1 kg mehlig kochende
  Kartoffeln
250 ml Milch
50 g Butter
Salz
1 Prise gem. Muskatnuss
1 Zitrone
6 Äpfel
3 EL Zucker
500 g Schalotten
2 EL Butterschmalz
1 Ring Blutwurst
etwas Mehl

1. Kartoffeln waschen und in einem Topf mit reichlich Salzwasser weich kochen. Dann in ein Sieb abgießen, etwas abkühlen lassen, schälen und in einer Schüssel mit dem Kartoffelstampfer zerstampfen.

2. Milch in einem Topf leicht erwärmen und zusammen mit der Butter, Salz und Muskat zum Kartoffelstampf geben und kräftig durchschlagen.

3. Zitrone auspressen. Äpfel schälen, vierteln, entkernen und in einer Schüssel mit Zucker und Zitronensaft vermischen. 1 l Wasser in einem Topf zum Kochen bringen, die Äpfel darin in ca. 15 Minuten weich kochen, grob zerstampfen und unter das Kartoffelpüree rühren.

4. Schalotten schälen und in Streifen schneiden. Butterschmalz in einer Pfanne erhitzen und Schalotten darin goldgelb braten. Dann aus der Pfanne nehmen und beiseite stellen.

5. Blutwurst schälen und in fingerdicke Scheiben schneiden, leicht in Mehl wenden und in der Pfanne knusprig braten. Püree auf die Teller verteilen, mit Blutwurstscheiben belegen und die gerösteten Schalotten obenauf geben.

Rheinischer Sauerbraten

Traditionell wurde früher beim Rheinischen Sauerbraten Pferdefleisch verwendet. Oft war das Fleisch zäh, sodass es durch die Marinade weich gemacht wurde. Heute wird Rinderbraten verwendet.

Zutaten für 4 Portionen

Für die Marinade

2 Zwiebeln
1 Karotte
750 ml kräftiger Rotwein
500 ml Himbeeressig
10 Wacholderbeeren
5 Pimentkörner
5 Gewürznelken
2 Lorbeerblätter
1 EL Salz
1 EL Zucker

Für den Braten

1 kg Rinderbraten
2 EL Butterschmalz
2 Zwiebeln
140 g Printen
6 EL Sultaninen
2 EL Zuckerrübensirup
Salz
Pfeffer

1. Für die Marinade die Zwiebeln schälen und grob zerkleinern. Karotte putzen, schälen und grob hacken. Alle Zutaten für die Marinade in einem Topf vermengen und aufkochen lassen. Temperatur reduzieren und Marinade 5 Minuten köcheln lassen. Vollständig auskühlen lassen, dann den Rinderbraten einlegen, sodass das Fleisch vollständig mit der Flüssigkeit bedeckt ist. Abdecken und im Kühlschrank 3 Wochen ziehen lassen.

2. Braten aus der Marinade nehmen und mit Küchenpapier abtupfen. Butterschmalz im Bräter erhitzen und Braten darin von allen Seiten kräftig anbraten.

3. Zwiebel schälen, hacken und zugeben. Die Printen grob zerkleinern und mit den Sultaninen zum Braten geben. Zuckerrübensirup einrühren und alles 5 Minuten braten. Mit der Hälfte der Marinade ablöschen. Fleisch zugedeckt 2 Stunden schmoren lassen. Dabei ab und zu noch etwas von der Marinade zugießen.

4. Nach Ende der Kochzeit Braten aus dem Topf heben, warm stellen und die Soße mit dem Stabmixer pürieren. Mit Salz und Pfeffer abschmecken und 15 Minuten köcheln lassen.

5. Braten zum Servieren in Scheiben schneiden und mit der Soße servieren. Dazu passen Rotkohl und Knödel.

TIPP

Sollte die Soße nicht dunkel
genug sein, einfach mit
1–2 TL Zuckercouleur nachhelfen.

Nonnenfürzchen

Zu den leckeren Nonnenfürzchen kredenzt der Butler Ralf
wunderbar goldgelben Eierlikör.
Eigentlich stammt das Schmalzgebäck aus dem süddeutschen Raum.
Im rheinischen Raum werden sie zur Fastnacht aber immer beliebter.

Zutaten für 20 Fürzchen

125 ml Wasser
1 Prise Salz
3 EL Butter
2 EL Zucker
100 g Mehl
1 TL Backpulver
2 Eier
1 l Öl zum Frittieren
Puderzucker zum
    Bestäuben

1. Wasser, Salz, Butter und Zucker in einen Topf geben und aufkochen lassen. Dann Topf vom Herd nehmen, das Mehl zugeben und alles kräftig verrühren.

2. Topf wieder auf den Herd stellen und bei geringer Hitze so lange weiterrühren, bis die Masse einen Kloß bildet und sich auf dem Topfboden eine weiße Schicht absetzt.

3. Topf erneut vom Herd nehmen und Backpulver und Eier kräftig unterrühren. Den Teig langsam abkühlen lassen.

4. Das Öl in einem Topf oder einer Fritteuse erhitzen. Aus dem Teig 20 Kugeln formen und diese portionsweise im Fett ausbacken. Mit dem Schaumlöffel herausheben, auf Küchenpapier etwas abtropfen und abkühlen lassen und mit Puderzucker bestäubt servieren.

Dinner for One – das Beste aus verschiedenen Regionen

Das *Dinner for One* ist schon längst mehr als die Schwarz-Weiß-Version von 1963. Fast jeder Karnevalsverein hat seine eigene regionale Parodie geschrieben. Stars wie Bully Herbig und Erkan und Stefan sind schon in die Rollen von James und Sophie geschlüpft, und in Dänemark gibt es eine Persiflage mit Sophie zum 80. Geburtstag, in der die Freunde von Miss Sophie noch leben. Ich habe mich mal umgeschaut und ein paar Rezepte aus den verschiedenen Abwandlungen herausgesucht.

Kartoffelsuppe mit Speckstückerchen und Schmand

In der nordhessischen Version von *Dinner for One* gibt es als Vorspeise eine deftige Kartoffelsuppe und dazu einen Sherry.

Zutaten für 4 Portionen

10 Kartoffeln
1 Karotte
1 l Gemüsebrühe
1 Zwiebel
1 EL Öl
500 g Speckwürfel
150 g Schmand
½ TL frisch gem. Muskatnuss
½ TL gem. Senfkörner
½ TL Cayennepfeffer
1 TL Salz
½ Bund Petersilie

1. Kartoffeln schälen, waschen und klein schneiden. Karotte putzen, waschen und in Scheiben schneiden. Beides mit der Brühe in einen Topf geben und 20 Minuten köcheln lassen.

2. Zwiebel schälen und würfeln. Öl in einer Pfanne erhitzen und Zwiebel und Speckwürfel darin anbraten.

3. Wenn die Kartoffeln weich sind, die Speck- und die Zwiebelwürfel mit in die Suppe geben. Schmand langsam unterrühren. Gewürze zugeben und Suppe einmal aufkochen lassen.

4. Petersilie waschen, trocken schütteln und hacken. Vor dem Servieren Suppe mit Petersilie bestreuen.

Maronencremesuppe

Miss Otti (Otto Walkes) lädt zum 90. Geburtstag. Die bereits verstorbenen Gäste sind bei diesem Dinner Heinz Erhardt, Hans Moser, Heinz Rühmann und Rudi Carrell.

Zutaten für 4 Portionen

2 Zwiebeln
1 EL Öl
400 g Maronen, vorgegart
1 mehlig kochende
  Kartoffel
200 g Sahne
400 ml Gemüsefond
1 Prise Salz
1 Prise Pfeffer
1 TL Honig

1. Zwiebeln schälen und klein würfeln. Öl in einem Topf erhitzen und die Zwiebeln darin glasig dünsten. Die Maronen klein schneiden. Die Kartoffel schälen, waschen, in kleine Stücke schneiden, mit den Maronen in den Topf geben und 1 Minute anbraten.

2. Sahne und Gemüsefond angießen und Suppe 10 Minuten köcheln lassen. Dann mit dem Stabmixer pürieren und mit Salz, Pfeffer und Honig abschmecken.

Graupensuppe

In *Dinner vor Wan(ne)*, der Version aus dem Ruhrgebiet, wird als Vorspeise eine Graupensuppe serviert und dazu ein kleines Kirschwässerchen.

Zutaten für 4 Portionen

4 Kartoffeln
2 Stangen Staudensellerie
1 Stange Lauch
4 Karotten
2 Zwiebeln
3 Knoblauchzehen
120 g Speck
2 EL Sonnenblumenöl
2 l Fleischbrühe
250 g Graupen
1 Lorbeerblatt
1 Bund Petersilie
1 Prise Salz
1 Prise Pfeffer

1. Das Gemüse putzen, waschen oder schälen. Die Kartoffeln würfeln, Sellerie und Lauch in Streifen und Karotten in Scheiben schneiden. Zwiebeln und Knoblauch fein hacken. Den Speck in Streifen schneiden.

2. Sonnenblumenöl in einem Topf erhitzen und den Speck darin anbraten. Das Gemüse zugeben und 2 Minuten mitbraten. Mit Fleischbrühe ablöschen. Graupen und Lorbeerblatt zugeben, Suppe kurz aufkochen lassen, danach bei mittlerer Hitze 1 Stunde köcheln lassen.

3. Petersilie waschen, trocken schütteln und hacken.

4. Nach Ende der Kochzeit Lorbeerblatt entfernen und Suppe mit Salz und Pfeffer würzen.

5. Mit Petersilie bestreut servieren.

Schokoladenpudding mit Eierlikör

Hömma, jetzt is abba Schicht im Schacht! Und das *Dinner vor Wan(ne)* wird mit einem Schokoladenpudding als Dessert beendet.

Zutaten für 4 Portionen

80 g dunkle Schokolade
(70 % Kakaoanteil)
35 g Speisestärke
3 EL Zucker
500 ml Milch
Eierlikör nach Belieben

1. Die Schokolade in kleine Stücke schneiden.

2. Speisestärke, Zucker und 100 ml Milch in einer Schüssel verrühren.

3. Die restliche Milch in einem Topf zum Kochen bringen, die Speisestärkemischung einrühren, 1 Minute köcheln lassen und dann Topf vom Herd nehmen.

4. Schokolade in die Masse geben und darin schmelzen lassen. Dabei immer wieder rühren.

5. Pudding in Gläser füllen und mindestens 4 Stunden kühl stellen.

6. Vor dem Servieren mit Eierlikör begießen.

Snacks zum Naschen

Als *Dinner-for-One*-Fan begrüße ich es natürlich, dass am 31. Dezember mehrmals am Tag der Sketch mit James, Miss Sophie und dem Tigerfell ausgestrahlt wird. Gerne nehme ich mir dann die Zeit, immer wieder gemütlich vor dem Fernseher zu sitzen und dabei als Stärkung etwas zu snacken.

Erdnuss-Popcorn

Zutaten für 2 Portionen

1 EL Rapsöl
70 g Popcorn-Mais
100 g Zucker
3 EL Erdnussbutter
1 TL Butter
1 Prise Meersalz

1. Öl in einem großen Topf erhitzen und den Topfboden mit Mais bedecken. Einen Deckel aufsetzen
   und die Hitze reduzieren, sobald die ersten Maiskörner aufzupoppen beginnen.

2. Wenn alle Maiskörner aufgepoppt sind, den Topf
   vom Herd ziehen, den Deckel abnehmen und
   Popcorn leicht abkühlen lassen.

3. Popcorn in eine Schüssel füllen.

4. Zucker in den Topf geben und schmelzen und
   karamellisieren lassen. Erdnussbutter und Butter
   einrühren. Mischung leicht abkühlen lassen, mit
   dem Popcorn vermengen und salzen.

Geröstete Kichererbsen mit Parmesan

Zutaten für 4 Portionen

800 g Kichererbsen
aus der Dose
2 Knoblauchzehen
60 g Parmesan
2 TL Olivenöl
½ TL Salz
Pfeffer

1. Kichererbsen in ein Sieb abgießen, spülen, gut abtropfen lassen und auf einem Küchentuch verteilen. 30 Minuten ruhen lassen, sodass die Feuchtigkeit gut vom Küchentuch aufgenommen werden kann.

2. Backofen auf 180 °C Ober-/Unterhitze vorheizen.

3. Knoblauch schälen und etwas zerkleinern, Parmesan in Stücke zerteilen. Olivenöl, Salz, Pfeffer, Knoblauch und Parmesan in einen Food Processor geben und hacken. Wer keinen Food Processor zur Hand hat, kann den Knoblauch und Parmesan natürlich auch mit dem Messer hacken.

4. Die Kichererbsen in eine Schüssel geben, gut mit der Olivenölmischung vermengen und auf einem mit Backpapier ausgelegten Backblech verteilen. 20 Minuten im Ofen backen, einmal durchrühren und weitere 45 Minuten backen.

5. Aus dem Ofen nehmen, abkühlen lassen und zum Snacken in eine Schüssel füllen.

Knusprige Gurkenscheiben im Teigmantel

Zutaten für 2 Portionen

14 geschnittene
Dill-Gurkenscheiben
aus dem Glas

30 g Mehl

⅛ TL Backpulver

3 EL dunkles Bier

Salz

3 TL Wasser

6 EL Panko-
Semmelbrösel

½ TL edelsüßes
Paprikapulver

1 Prise Cayennepfeffer

2 EL Speisestärke

Öl zum Braten

1. Gurkenscheiben auf ein Küchentuch legen und rundum trocken tupfen.

2. Mehl, Backpulver, Bier, 1 Prise Salz und 2 TL Wasser in einer Schüssel verrühren. Der Teig sollte dickflüssig, aber noch einigermaßen gießbar sein. Ist der Teig zu dick, einfach den restlichen Teelöffel Wasser unterrühren.

3. In einem tiefen Teller Semmelbrösel mit Paprikapulver, Cayennepfeffer und 1 Prise Salz vermengen. Speisestärke auf einen Teller geben.

4. Ausreichend Öl in einer Pfanne erhitzen. Gurkenscheiben zuerst in Speisestärke wenden, dann durch den Teig ziehen, in den gewürzten Semmelbröseln wenden und im heißen Öl von beiden Seiten je 1 Minute frittieren.

5. Mit einem Schaumlöffel herausheben, auf Küchenpapier abtropfen und abkühlen lassen und zum Servieren in eine Schüssel geben.

Blätterteigschnecken

Zutaten für 4 Portionen

2 Rollen Blätterteig
  (aus dem Kühlregal)
200 g Schmand
3 EL Tomatenmark
Salz
Pfeffer
½ TL getr. Oregano
5 Scheiben Salami
100 g geriebener Käse

1. Ofen auf 200 °C Ober-/Unterhitze vorheizen und ein Backblech mit Backpapier auslegen.

2. Die Blätterteige nebeneinander auf der Arbeitsfläche ausrollen.

3. Schmand in einer Schüssel mit Tomatenmark, Salz, Pfeffer und Oregano verrühren. Masse auf dem Blätterteig verstreichen. Salami in Streifen schneiden und mit der Hälfte des Käses auf der Schmandcreme verteilen.

4. Mit einem Messer den Teig in 2–3 cm dicke Streifen schneiden. Die Streifen jeweils aufrollen, sodass kleine Schnecken entstehen. Schnecken auf das Backpapier legen und mit dem restlichen Käse bestreuen. Im Ofen in 15–20 Minuten goldbraun backen. Am besten gleich frisch naschen.

Brot-Pommes

Zutaten für 4 Portionen

1 EL getr. Rosmarin
2 EL gem. Senfkörner
3 TL Salz
3 TL Chiliflocken
500 g altes
   Kastenweißbrot
400 ml Milch
10 EL Olivenöl

1. Rosmarin, Senfpulver, Salz und Chiliflocken in einer Schüssel vermengen. Das Weißbrot in fingerdicke Streifen schneiden.

2. Backofen auf 180 °C Ober-/Unterhitze vorheizen und ein Backblech mit Backpapier auslegen.

3. Milch in eine Schüssel gießen. Brotstreifen kurz in die Milch tauchen, auf das Backblech legen, mit der Gewürzmischung bestreuen und mit Öl beträufeln. Im Ofen in 35–40 Minuten goldbraun backen, dabei einmal wenden.

Bibliografische Information der Deutschen Nationalbibliothek
Die Deutsche Nationalbibliothek verzeichnet diese Publikation in der Deutschen Nationalbibliografie. Detaillierte bibliografische Daten sind im Internet über http://d-nb.de abrufbar.

Für Fragen und Anregungen
info@rivaverlag.de

Wichtiger Hinweis
Ausschließlich zum Zweck der besseren Lesbarkeit wurde auf eine genderspezifische Schreibweise sowie eine Mehrfachbezeichnung verzichtet. Alle personenbezogenen Bezeichnungen sind somit geschlechtsneutral zu verstehen.

Originalausgabe
1. Auflage 2021
© 2021 by riva Verlag, ein Imprint der Münchner Verlagsgruppe GmbH
Türkenstraße 89
80799 München
Tel.: 089 651285-0
Fax: 089 652096

Redaktion: Caroline Kazianka
Umschlaggestaltung: Isabella Dorsch
Umschlagabbildungen und Abbildungen im Innenteil: Patrick Rosenthal
Satz: inpunkt[w]o, Haiger (www.inpunktwo.de)
Druck: Florjancic Tisk d.o.o., Slowenien
Printed in the EU

ISBN Print 978-3-7423-1912-8
ISBN E-Book (PDF) 978-3-7453-1635-3
ISBN E-Book (EPUB, Mobi) 978-3-7453-1636-0

**Wir produzieren
nachhaltig**
www.m-vg.de

Weitere Informationen zum Verlag finden Sie unter

www.rivaverlag.de

Beachten Sie auch unsere weiteren Verlage unter www.m-vg.de